ALEJO Y SU PANDILLA

Viaje a Buenos Aires

Edi numen

ISBN Lectura: 978-84-9848-175-4
ISBN Lectura con CD: 978-84-9848-172-3
Depósito Legal: M-878-2010
Impreso en España
Printed in Spain

Coordinación pedagógica:
María José Gelabert

Coordinación editorial:
Mar Menéndez

Diseño de portada:
Carlos Casado
Diseño y maquetación:
Carlos Casado
Ilustraciones:
Olga Carmona y Carlos Casado
Fotografías:
Archivo Edinumen
Impresión:
Gráficas Glodami. Coslada (Madrid)

Editorial Edinumen
José Celestino Mutis, 4. 28028 - Madrid
Teléfono: 91 308 51 42
Fax: 91 319 93 09
e-mail: edinumen@edinumen.es
www.edinumen.es

En la grabación de la lectura se han eliminado algunas acotaciones de los diálogos para conservar la naturalidad de los mismos.

Índice

Contenido Página

Antes de empezar a leer

1. Mira estos monumentos. Relaciónalos con su nombre y di a qué país pertenecen.

a 

b 

c 

d 

e 

f 

1. Machu Picchu •
2. Las cataratas del Iguazú •
3. Las pirámides mayas •
4. El Obelisco •
5. El Zócalo •
6. La Sagrada Familia •

- • a. Argentina
- • b. México
- • c. Perú
- • d. España

2. Países y capitales. Une estas capitales con sus respectivos países.

1. La Habana •
2. Asunción •
3. Montevideo •
4. Buenos Aires •
5. Lima •
6. Santiago •
7. Bogotá •
8. Caracas •

- • a. Colombia
- • b. Chile
- • c. Cuba
- • d. Perú
- • e. Argentina
- • f. Paraguay
- • g. Venezuela
- • h. Uruguay

3. **Colorea los siguientes países en este mapa de Hispanoamérica.**

- Colombia
- Chile
- Cuba
- Perú
- Argentina
- Paraguay
- Venezuela
- Uruguay

4. **Marca con una cruz la respuesta correcta.**

1. En Argentina el invierno empieza el:
a. 21 de diciembre.
b. 21 de marzo.
c. 21 de junio.

2. Argentina está:
a. en América del Norte.
b. en Centroamérica.
c. en América del Sur.

3. Argentina limita con:
a. Chile, Colombia, Uruguay.
b. Chile, Bolivia, Paraguay, Brasil, Uruguay.
c. Perú, Paraguay, Brasil, Venezuela, Uruguay.

4. Buenos Aires está a orillas del:
a. Río de la Plata.
b. Río Amazonas.
c. Río Orinoco.

5. Identifica cada actividad con su imagen.

1. pasear **2.** montar a caballo **3.** tomar el metro
4. visitar un museo **5.** ver vacas **6.** ir al cine

a

b

c

d

e

f

6. ¿Cuáles de las actividades anteriores puedes realizar en una gran ciudad?

....

7. *Alejo y su pandilla. Amigos en Madrid.* Si has leído el primer libro... ya lo sabes. Di si es verdadero o falso.

	Verdadero	Falso
1. Alejo es de Madrid.	☐	☐
2. Elsa y Julián son los padres de Alejo.	☐	☐
3. Fernando y María José son hermanos.	☐	☐
4. Los gemelos son de Buenos Aires.	☐	☐
5. Julián es argentino.	☐	☐
6. Oriana está casada con Ramón.	☐	☐
7. Las gemelas van a vivir a Madrid.	☐	☐
8. Félix es un compañero del instituto de Alejo.	☐	☐

Capítulo 1

Alejo se despierta, abre la ventanilla del avión y ve que todavía es de noche. Vuelve a cerrarla, pero no puede volver a dormirse. Mira a su lado y ve a toda su familia descansando. Casi sin querer, hace un repaso de sus últimos meses. "¡Cuántos cambios!", piensa.

En septiembre, Elsa, su madre, Julián, su nuevo marido y él se mudaron al piso de la calle Andrés Mellado, en el barrio de Argüelles, en Madrid. En realidad era la casa de sus abuelos, pero era demasiado grande para ellos. Elsa y Julián, que son arquitectos, la dividieron en dos: una parte más grande para ellos tres y un apartamento más pequeño para los abuelos. El piso es muy grande y tiene una terraza maravillosa, con muchas plantas y un trastero.

La segunda novedad del año fue que empezó la ESO. Ahora que ya ha terminado el primer año, le parece fácil, pero la verdad es que al empezar el año estaba bastante nervioso. Alejo es muy buen alumno y no tuvo problemas para aprobar todas las asignaturas.

Por un momento, Alejo piensa en sus vacaciones de verano del año anterior en la Costa Brava, cuando conoció a Fernando y a su hermana María José. Al principio ella le pareció una niña presumida y vanidosa, pero con el tiempo se hicieron amigos. Fernando va al insti con él y se sientan juntos, en cambio María José es un año más pequeña.

En la escuela conoció a nuevos amigos: Martín, que es argentino y Lorenzo, que es colombiano. A Martín le interesa la informática y a Lorenzo le encanta la música y quiere formar un grupo de rock.

Alejo ve a su padre muy a menudo. Se llama Ramón y está casado con Oriana que tiene dos hijos gemelos: Pablo y Juan Carlos. Los cuatro también viven en el mismo barrio y los gemelos van a su misma escuela, pero tienen un año más que él. No son muy buenos alumnos, pero son excelentes tenistas y solo piensan en los entrenamientos.

En diciembre llegaron a Madrid Ángela y Roberta, las hijas de Julián. El marido de su madre es argentino y sus hijas decidieron ir a vivir una temporada con su padre. En un primer momento a Alejo no le entusiasmó demasiado la idea, pero la verdad es que las chicas son estupendas y están siempre de buen humor. Además, se integraron muy bien en el grupo de amigos, especialmente con los gemelos. "Yo creo que están enamorados", piensa Alejo.

Alejo ve que Elsa se levanta y va hacia la parte de atrás del avión.

–Mamá, ¿falta mucho para llegar?

Elsa mira el reloj.

–Unas horas más, cariño. Trata de dormir.

A Alejo el viaje se le está haciendo interminable. Nunca ha estado tantas horas en un avión.

"Tampoco en un tren, ni en un coche..." –dice en voz baja.

Alejo cierra los ojos y piensa en Félix, que se ha ido con los abuelos a la casa de la Costa Brava.

Félix es el gato que Fernando, los gemelos y él encontraron en un bosque un fin de semana de otoño. Lo recogieron, lo alimentaron, le dieron de beber y su madre aceptó tenerlo en casa. Vive con él, pero el gato es un poco de todos. De él y su pandilla.

El gatito ha crecido mucho y ha dejado de ser un gatito para pasar a ser un gato. Marrón y de pelo bastante largo.

–¡No quiero al gato en casa! ¡Me lo habéis prometido!

Alejo sonríe pensando en su madre, en la cara que ponen Julián y él cuando la oyen gritar y en el gato sentado cómodamente en el sofá del salón.

Capítulo 2

Querido diario:

Estamos en mayo. Ya empieza a hacer calor en Madrid y los días son más largos. Todos estamos estudiando mucho para los exámenes de fin de año, pero tenemos tiempo de dar paseos en bicicleta por el Parque del Oeste. Julián les ha comprado dos bicicletas nuevas a Roberta y a Ángela: una roja y una verde. También nos ha dado una noticia excelente.

–Para las vacaciones de verano, las chicas quieren ir a ver a Etelvina, su madre, a Buenos Aires. ¿Qué les parece si vamos todos?

A Elsa y a Alejo se les ilumina la cara.

–¡Qué guay! ¡Martín también va a estar allí! –dice Alejo.

–¿Y si llevamos también a los gemelos? –pregunta Ángela tímidamente.

Roberta solo asiente con la cabeza, pero las dos se ponen coloradas como un tomate.

–Vamos a tener que contratar un chárter –bromea Elsa.

"¡Qué divertido! *Alejo y su pandilla en Buenos Aires*". Alejo lee muchas novelas de aventuras.

En junio todos terminaron las clases. Alejo y las gemelas sacaron notas excelentes, y los gemelos, notas regulares, pero aprobaron todas las materias gracias a Roberta y a Ángela que se tomaron muy en serio la tarea de ayudarlos. "¡Qué chicas más listas!", piensa Alejo.

Elsa y Oriana acompañaron a los gemelos y a Alejo a sacarse el pasaporte para poder viajar. Julián se encargó de comprar los billetes y de organizar la estancia en Buenos Aires.

–Hablé con Etelvina y dice que todos ustedes pueden quedarse en el departamento de Jorge.

–¿Departamento? –pregunta Alejo.

–Piso, quiere decir piso –le responde Julián.

Etelvina y Jorge se casaron hace dos meses. Se conocieron cuando las gemelas todavía vivían con su madre, y su casa está al lado. A las chicas les pareció antipático desde el primer momento, pero para Etelvina fue un verdadero flechazo. Viven en el departamento de Etelvina y piensan alquilar el de Jorge, pero aún no lo han hecho.

La excitación es total y las gemelas les cuentan a Alejo y a los gemelos muchas cosas de Buenos Aires y les enseñan algunas palabras típicamente argentinas.

–*Autobús* se dice *colectivo*.

–*Cazadora* se dice *campera*.

–*Falda* se dice *pollera*, pero eso a ustedes no les interesa.

Por fin Alejo consigue quedarse dormido un rato más y cuando se despierta se encuentra con la bandeja del desayuno servida.

–¡Menos mal que tu hijo no duerme en los aviones! –le dice Julián a Elsa dándole un codazo.

–Tómate el desayuno, cariño, que en una hora aterrizamos en Buenos Aires.

Buenos días, señores pasajeros. Soy el comandante Sergio Costa. En breves instantes iniciaremos nuestro descenso al aeropuerto de Ezeiza Ministro Pistarini. La hora de aterrizaje prevista es a las 6.30 hora local. El cielo está cubierto en la ciudad de Buenos Aires y la temperatura local es de cinco grados centígrados.

Alejo ha puesto en su mochila un jersey, una bufanda, un gorro de lana y guantes. Le resulta raro pensar que en Madrid hace 38º y que en Buenos Aires solo 5º. Sube la ventanilla y ve que el cielo está rojizo porque va a salir el sol. "En Madrid son más de las diez de la mañana", piensa mientras se abrocha el cinturón.

El avión aterriza a la hora prevista. Al salir, van a las ventanillas de Inmigración. La cola es larguísima, pero avanza bastante rápido. Antes de pasar la aduana tienen que pulsar un botón. Si sale una luz roja, los controlan, si sale verde, no.

–¡Verde! –gritan las gemelas.

–¡Tienen suerte! –responde el guardia aduanero.

Cuando las puertas se abren, Roberta y Ángela reconocen de inmediato a su madre en medio de una gran muchedumbre. Corren y la abrazan. Cuando Julián, Elsa y los gemelos se reúnen con ellas, todas tienen los ojos llenos de lágrimas.

–¡Bienvenidos! –dice Etelvina.

–Gracias. Te presento a Elsa, a Pablo y a Juan Carlos.

Etelvina les da un beso a todos y trata de secarse las lágrimas.

–Vamos afuera. Jorge está estacionando su auto –propone.

–Somos muchos, podemos tomar un taxi –comenta Julián.

–Vinimos en dos autos –le responde Etelvina sonriendo.

Capítulo 3

–Chicas, ¿no le dan un beso a Jorge? –pregunta Etelvina.

–Sí, claro –responde Roberta. Las dos le dan un beso, pero no sonríen.

Es una mañana fría pero soleada en Buenos Aires. Hay un intenso tráfico en la autopista que lleva a la ciudad y Elsa, Alejo y los gemelos miran todo con mucha curiosidad. Tres cuartos de hora más tarde llegan a la casa de Etelvina y Jorge, en Palermo Viejo. Es un barrio tranquilo, de casas bajas y con muchos árboles. Las calles son de adoquines y las aceras, muy anchas.

Etelvina y Jorge son dueños de dos PH, uno al lado del otro, cada uno con un pequeño patio y una terraza.

Los coches llegan prácticamente juntos y aparcan en la puerta. Una señora de cabello gris espera afuera con un enorme paquete blanco en la mano.

–La abuela Susy –grita Ángela.

Las gemelas bajan del coche corriendo a abrazar a su abuela. Es la madre de Julián.

– Están enormes –dice Susy casi llorando.

Julián también corre a abrazar a su madre. Luego le presenta a su nueva mujer.

–Mamá, te presento a Elsa.

Elsa ya ha aprendido y le da un beso.

–Encantada –dice.

–¡Por fin te conozco! –exclama Susy.

Mirando a las gemelas añade:

–¡A ver si adivinan lo que hay acá!

–¡Factura! –grita Roberta, loca de contenta.

–Vamos, se me hace agua la boca –propone Julián.

Desayunan todos juntos en la casa de Etelvina y Jorge: facturas, pan tostado, galletas, mermelada, manteca, dulce de leche y café.

–¿Alguien quiere un mate? –pregunta Jorge.

–Sí –responden los gemelos y Alejo.

–Les enseño a prepararlo. Primero, la yerba hasta poco más de la mitad –dice Jorge.

Roberta da un fuerte suspiro.

"¡Qué pesado es!", piensa Ángela.

–Preparalo dulce –sugiere Etelvina.

–Sí, mejor. Después le añadimos dos cucharaditas de azúcar y un chorrito de agua tibia. Así las hojas de yerba se abren, pero no se queman.

–Y eso, ¿para qué sirve? –pregunta Pablo.

–Es la bombilla y se coloca dentro del mate. Así –continúa Jorge.

–Y el agua no tiene que hervir –agrega Susy desde la mesa.

Jorge ceba el primer mate y lo toma él.

–No es mala educación –se justifica. El primero es el más feo y siempre lo toma el cebador.

Prepara el segundo y se lo pasa a Alejo.

–Para vos, que tenés cara de sueño.

El mate les gusta a todos menos a Pablo que lo encuentra muy amargo.

–A mí tampoco me gusta –le dice Ángela.

Jorge ceba mate para todos, pero Etelvina no quiere porque no se encuentra demasiado bien. Le duele un poco la cabeza y tiene náuseas.

–¡El madrugón! Ya se me pasa –dice riendo.

Las gemelas recorren la casa y la encuentran un poco cambiada, pero la habitación de ellas está intacta: las muñecas y los juguetes de cuando eran pequeñas, las fotos, las partituras, los libros. Todo está igual.

–Si quieren dormir acá, la habitación está lista –dice Etelvina.

–No, yo prefiero estar con los chicos –dice Ángela.

–Por si tienen miedo... –añade Roberta riéndose.

Jorge y Etelvina les muestran el departamento de al lado: hay dos dormitorios, un salón, una cocina, un cuarto de baño grande y otro pequeño, con ducha pero sin bañera.

Los chicos están encantados de quedarse solos en la casa, aunque lo de solos es relativo.

Julián y Elsa van con Susy a su casa, que por suerte no está muy lejos, en Plaza Italia. Pero antes abren las maletas y les dan a Etelvina, a Susy y a Jorge los regalos que han traído.

Roberta y Ángela le regalan a su madre una falda y una blusa.

–Para el próximo verano, mami.

–¡Son preciosas! Gracias –dice Etelevina emocionada.

Los gemelos sacan de la maleta unos cuantos embutidos empaquetados al vacío: lomo de cerdo, chorizo, salchichón y jamón, que reparten entre Etelvina y Jorge y algo para Susy.

–¡Qué suerte tuvieron en la aduana! –exclama Susy.

Elsa ha comprado azafrán y pimentón españoles y un pañuelo de seda.

–Sé que te gusta mucho cocinar –le dice a Etelvina. Y esto es para el frío...

–¡Qué divino! ¡Gracias! –dice Etelvina.

A Etelvina, Elsa le ha caído muy bien.

Julián le ha comprado a Etelvina un diccionario español en CD-ROM. Etelvina es traductora y le encanta tener todos los diccionarios.

Capítulo 4

Al mediodía vuelven a reunirse todos y planean el primer paseo por Buenos Aires.

–Tienen que aprovechar estos días libres de vacaciones de invierno –explica Jorge.

Jorge es profesor y está en época de vacaciones.

–La semana que viene empiezan las clases.

"¡Qué bien!", piensan las gemelas.

–Me van a tener que perdonar, pero no me siento bien –dice Etelvina que está muy pálida.

–Mamá, ¿qué te pasa? –pregunta Roberta preocupada.

–Nada grave, vayan ustedes. Julián, te dejo las llaves del auto...

Los dos coches bajan hasta Plaza Italia y toman la avenida Santa Fe, hasta la 9 de Julio.

–¡Qué grande! –exclaman los gemelos.

–¡Ahí se ve el Obelisco! –Alejo ha consultado varias páginas en Internet.

Los coches pasan por la plaza de Mayo y toman la dirección sur.

–Esta es la Casa Rosada, la casa de gobierno –explica Julián.

–Y ese es el Cabildo –continúa Ángela.

–A la derecha está el barrio de San Telmo. Vamos a venir un domingo, a la feria de antigüedades –concluye Jorge.

A las seis de la tarde ya está oscuro y todos vuelven a la casa. Antes de cenar, Alejo escribe en su diario:

Querido diario:

¡Buenos Aires es una ciudad estupenda y enorme! Esta tarde hemos ido al barrio de La Boca, que está en el sur de la ciudad. Está lleno de casas viejas, cubiertas de chapas pintadas de colores. Es el barrio donde se instalaron los inmigrantes italianos. Está al borde de un río negro, supercontaminado, que se llama El Riachuelo. Hemos paseado un rato y hemos visitado la calle Caminito, la más famosa, pero Jorge dice que es demasiado turística. A mí me ha parecido bonita.

Y lo mejor de todo ha sido ver el estadio de Boca Juniors, que todos llaman La Bombonera. Esta noche vamos a un restaurante a comer asado. Los gemelos están un poco raros: Pablo mira todo el tiempo a Ángela y Juan Carlos, a Roberta, pero ella parece distraída. Por suerte, esta noche hemos quedado en llamar a Martín.

A las nueve y media de la noche se reúnen en la esquina de La Dorita, una parrilla que está cerca de la casa. Etelvina ha reservado mesa porque hay siempre mucha gente.

Elsa y Julián piden bife de chorizo con ensalada, mientras que los demás prefieren varios cortes de carne: tira de asado, vacío y entraña con puré de batata y calabaza. Para los chicos, papas fritas. Los mayores toman vino y los chicos, gaseosas.

Etelvina casi no prueba la comida porque sigue mal y con dolor de cabeza. Pero quiere compartir la cena con sus hijas.

–No se les pegó nada el acento –les dice.

–Depende, mami, porque ahora estamos acá –dice Roberta y le da un beso.

–Ahora sabemos usar el "vosotros" –continúa Ángela imitando el acento español.

Cuando vuelven a la casa, Alejo llama a Martín. Es un poco tarde, pero él y su familia también están de vacaciones.

–Mamá, la madre de Martín quiere hablar contigo –dice Alejo.

–¿Conmigo?

Capítulo 5

–¿Y? –preguntan todos impacientes.

–Los padres de Martín, Martín y una de las hijas se van pasado mañana a la estancia de la familia.

–¿Estancia? –pregunta Juan Carlos.

–A la casa del campo –aclara Julián.

–Y quieren invitaros a pasar unos días con ellos –continúa Elsa.

–¿Hay caballos? –pregunta Roberta entusiasmada.

–Sí, hay caballos. La estancia está en un pueblo que se llama Capilla.

–Capilla del Señor. Está cerca de San Antonio de Areco, que es un pueblo histórico –dice Jorge con tono de profesor.

–Bueno, eso, Capilla del Señor. Ellos tienen un coche grande y os pasarían a buscar a las doce.

–Y nosotros nos podríamos ir a pasear por ahí, solos –propone Julián guiñándole un ojo a Elsa.

–Por ejemplo, a las Cataratas... –le responde Elsa sonriendo.

–Bueno, chicos, ¿quieren ir? –pregunta Etelvina.

El sí es unánime.

–Otra buena noticia, especialmente para los gemelos –continúa Elsa.

–¿Qué?

–Hay campo de tenis.

–¡Genial! –gritan los gemelos.

–Ahora, a dormir –dice Julián.

–Vamos a casa –propone Ángela con las llaves en la mano.

Los chicos entran al departamento, se lavan los dientes y se preparan para acostarse, pero están tan contentos con la idea de irse al campo que no pueden dormir.

–Van a ver gauchos –explica Roberta.

–¿Qué son? –quiere saber Alejo.

–Son los habitantes de La Pampa, son como vaqueros, como *cowboys,* pero de acá.

–Yo no he traído mi raqueta –dice Juan Carlos.

Por fin, tarde, muy tarde, se van a dormir.

Al día siguiente se levantan a las 9 y van a desayunar a casa de Etelvina y Jorge.

–Mamá, ¿te sentís mejor? –pregunta Roberta.

–Creo que sí, corazón.

A las 10 de la mañana pasan a buscarlos Elsa y Julián.

–Queremos llevarlos al centro –dice Julián.

– Pueden tomar el *subte,* es lo más cómodo –propone Jorge.

En Plaza Italia toman la línea D en dirección Catedral.

–Por aquí pasamos ayer –exclama Juan Carlos.

–Sí, pero ahora vamos a recorrer la calle Florida.

Llegan hasta plaza San Martín.

–Este es un árbol histórico –dice Ángela imitando el tono de Jorge.

Todos se ríen.

–Bueno, la verdad es que es un árbol histórico –dice Julián riéndose.

–¿Qué es? –pregunta Elsa.

–Es un gomero.

–A vuestra izquierda, el edificio Kavanagh, que en su momento fue el más alto de América del Sur –continúa Julián imitando un acento español.

–No te sale, papá –le dice Ángela.

Los chicos se ríen.

–Y esa torre, ¿qué es? –pregunta Pablo.

–Es la Torre de los Ingleses, a la izquierda, la estación de Retiro y a la derecha, el hotel Sheraton.

–Y atrás, el Río de la Plata –completa Roberta.

–Tengo hambre –dice Juan Carlos.

–¿Tienen ganas de caminar? –pregunta Julián. Silencio.

–Bueno, vamos a ir en dos taxis.

Bajan hasta la avenida del Libertador y se suben a dos taxis:

–A Puerto Madero, por favor.

Llegan en menos de diez minutos. Puerto Madero es el barrio más moderno de Buenos Aires. Era el antiguo puerto y sus magníficos edificios de ladrillo rojo se han recuperado como viviendas y oficinas. A orillas del río hay muchos bares y restaurantes. Allí se encuentra también la Fragata Sarmiento, que se puede visitar.

Hace menos frío que el día anterior y al sol se está muy bien. Se sientan en la terraza de un bar y piden empanadas de carne y de queso.

–Ese puente que ven ahí se llama Puente de la Mujer y lo hizo Santiago Calatrava, un arquitecto español muy importante –explica Elsa muy informada.

Cuando terminan de comer, los chicos se acercan a la Fragata para echarle un vistazo.

Elsa y Julián se quedan sentados.

–Un café y un cortado, por favor –pide Julián.

–Me parece que tus hijas no soportan a Jorge –dice Elsa.

–Sí, ya me di cuenta –le responde Julián.

–Y me parece que no hay que alentarlas haciendo bromitas.

–Sí, tenés razón.

–Además tu ex está...

–¿Está qué?

–Nada, nada, tonterías mías. ¿Por qué no hablas con ellas?

–Vale.

Párate un momento

1. **Aquí tienes a todos los personajes que han aparecido hasta ahora. Identifica quién es quién.**

1. ....
2. ....
3. ....
4. ....
5. ....

6. ....
7. ....
8. ....
9. ....

2. **Señala cuál de estas afirmaciones resume mejor lo dicho en el texto.**

1. Capítulo 1
   Los integrantes de la pandilla de Alejo son:
   a. Fernando, María José, Ramón, los gemelos y las gemelas.
   b. Los gemelos, las gemelas, Martín, Lorenzo, Fernando y María José.
   c. Fernando, Ramón, Lorenzo, Martín, los gemelos y las gemelas.

2. Capítulo 2
   a. El avión aterriza tarde en Buenos Aires.
   b. En el avión viajan Elsa, Julián y los gemelos.
   c. Etelvina y su marido los esperan en el aeropuerto.

3. Capítulo 3
   a. Las gemelas se encuentran con Susy, su abuela.
   b. La ciudad de Buenos Aires está vacía.
   c. Desayunan todos en un bar.

4. Capítulo 4
   a. En el primer paseo por Buenos Aires participan todos.
   b. Etelvina no participa en el paseo porque no se encuentra bien.
   c. Martín y su familia aún no han llegado a Buenos Aires.

5. Capítulo 5
   a. Los padres de Martín tienen una estancia.
   b. El segundo paseo por Buenos Aires lo hacen en coche.
   c. En Puerto Madero hay muchos barcos.

3. **A lo largo de estos capítulos han aparecido una serie de palabras relacionadas con los alimentos. Relaciona los productos con el país de donde son originarios.**

1. manteca •
2. dulce de leche •
3. azafrán •
4. asado de tira •
5. salchichón •
6. pimentón •
7. mate •
8. jamón •

• a. Argentina
• b. España

Capítulo 6

A la mañana siguiente hay un gran revuelo. Los chicos desayunan rápido y preparan sus bolsos para marcharse al campo. A las 12 pasan los padres de Martín.

Martín y los chicos están felices de verse y de compartir unos días juntos. Llegan a Las Camelias a las 13.30, justo para comer el asado con el que los esperan. Las Camelias es una estancia muy bonita, con un casco antiguo rodeado de árboles.

Irma, la señora que trabaja allí desde hace más de cuarenta años, los espera con los brazos abiertos.

–Mis bebés –les dice a Martín y a su hermana Silvia abrazándolos.

–Chicos, les presento a Irma, que es como mi abuela. Además, sabe mucho de estrellas.

–Hablando de estrellas... esta noche tenemos una sorpresa –anuncia Irma.

–¿Qué es? –pregunta Silvia.

–Las sorpresas son sorpresas. A comer, que el asado está casi listo –anuncia Irma.

–Evaristo, ya llegaron –le grita Irma al capataz.

–Comen afuera, ¿verdad?

–¡Claro! ¡Sí! –responden todos.

Irma ha puesto la mesa en el jardín de atrás. Una larga mesa de madera, con mantel, platos de madera y dos fuentes de ensalada: una mixta y otra de papa y huevo. Un poco más lejos hay un fogón, y a su alrededor tres asadores. Evaristo va llevando la carne a la mesa poco a poco. Así siempre está caliente. Irma también se sienta a la mesa. El almuerzo se prolonga hasta las 4 de la tarde. Al final todos han comido mucho.

–Y ahora el postre –dice Irma.

–¿Puedo adivinar? –pregunta Silvia.

–¡Flan casero con dulce de leche! –se adelanta Martín. Su hermana lo mira con cara de fastidio.

Luego del postre, los mayores toman un café.

–Después de esta comilona, necesito una siesta –dice el padre de Martín.

–¿Habló con el administrador? –le pregunta Irma con cara de preocupada.

–No, ¿pasa algo?

–Hace un mes que desaparece ganado. Dos vacas por día... En un mes, son sesenta vacas...

–¡Evaristo! –llama el padre de Martín.

–Sí...

–¿Usted sabe algo de las vacas que desaparecen?

–No, ya le dije al señor administrador... yo no sé nada.

***

–Yo necesito un partido de tenis –propone Pablo mirando a Ángela.

–¿Jugamos un doble? –le pregunta Juan Carlos a Roberta.

–No, gracias. Prefiero ir con Martín a dar un paseo a caballo –responde Roberta.

–Martín, ¿por qué no llevas a tus amigos a ver cómo trabajan con los animales? –propone la madre de Martín.

–Excelente idea, vamos todos –admite Silvia sin dejar de mirar a Alejo.

–Pero antes, ¿por qué no suben los bolsos y maletas a las habitaciones? Hay una para cada uno. ¡Pueden elegir! –propone el padre de Martín.

Alejo, Pablo y Juan Carlos ven gauchos por primera vez. Evaristo ensilla los caballos y les indica dónde están trabajando.

–Están marcando animales –anuncia.

Los madrileños no entienden de qué se trata.

–Las vacas se marcan con un hierro caliente –les explica Martín.

–Así, si se pierden, saben de quién es –concluye Silvia.

–Es que acá las vacas andan sueltas –continúa Martín.

–¿No duermen en el establo? –pregunta tímidamente Alejo.

–¡Imposible! ¡Son muchísimas! –responde Silvia riéndose.

Los chicos recorren un largo camino de tierra. Se quedan un rato viendo cómo trabajan los peones y luego Martín exclama:

–¡Los voy a llevar a un lugar prohibido!

–No me parece una buena idea –dice Silvia que sabe de qué se trata.

–¡Nadie se va a enterar!

–¿Es peligroso? –pregunta Roberta asustada.

–No, vamos a la pulpería. Mis papás no nos dejan ir solos porque dicen que siempre hay borrachos...

–¿Qué es una pulpería? –pregunta Alejo.

–Es como un bar de campo, y también venden cosas.

–Y se reúnen los gauchos a jugar a las cartas y se emborrachan –concluye Silvia.

–Nadie nos va a ver –dice Martín.

Los chicos toman un atajo y dejan los caballos atados a una distancia prudente. La pulpería está rodeada de árboles y es fácil acercarse sin ser vistos. Además, son más de las seis de la tarde y está casi oscuro.

–¡Por la parte de atrás! –dice Martín en voz baja.

Cuando llegan está completamente oscuro. Solo se ven las luces que se filtran por las ventanas de la pulpería. Los chicos se asoman tímidamente. Hay mucha gente reunida alrededor de una mesa, con un vaso en la mano y mucho humo.

–¿Qué beben? –pregunta Pablo.

–Ginebra –le susurra Silvia.

–Envido –dice uno.

–Real envido –responde otro, moviendo nerviosamente las cartas en la mano.

–¿A qué juegan? –pregunta Juan Carlos.

–Al truco –le responde Roberta.

–Nosotras también sabemos jugar –dice Ángela.

–Se juega en parejas y se miente –continúa Silvia.

–¿Te parece el momento de contarles cómo se juega al truco? –dice Martín nervioso.

Los chicos reconocen a Evaristo en medio del grupo. Está hablando con uno de los peones que preparó el asado del mediodía.

–¡Sh! ¡Silencio! Me parece que están hablando de mi papá –dice Martín.

–El administrador no vive en la estancia. Y el patrón, tampoco –le dice Evaristo riéndose.

–Sí, pero ahora están acá... –le responde el otro.

–El único problema es la vieja, que mete la nariz en todo.

Martín y Silvia intuyen que la vieja es Irma. Y que el tema del que hablan es de las vacas que desaparecen. Martín mira el reloj, que marca las siete de la tarde.

–Chicos, nos tenemos que ir de acá –anuncia Silvia.

–Sin hacer ruido, por favor –les pide Martín.

Por fin llegan hasta donde están los caballos.

–Vamos a alejarnos un poco sin montarlos –propone Silvia.

Todos caminan a campo traviesa llevando a los caballos de las riendas. Cuando la luz de la pulpería es solo un lejano resplandor, se suben.

Es una noche preciosa de luna llena.

–¿Qué son esas lucecitas que se ven? –pregunta Alejo en voz baja.

–Ya puedes hablar normal –le dice Juan Carlos.

–Son luciérnagas –responde Ángela acercándose al caballo de Pablo.

Está oscuro, pero todos ven que se dan un beso.

Capítulo 7

Los chicos llegan a la casa hacia las ocho y llevan directamente los caballos al establo. Por suerte no hay nadie. Al entrar en la casa, los padres de Martín los están esperando. Parecen tranquilos, leyendo el diario, pero todos saben que no lo están.

–Hola –dice tímidamente Martín.

–Con ustedes dos quiero hablar –exclama el padre poniéndose de pie y señalando a sus dos hijos.

–¿Cuántas veces les tengo que decir que...? –sigue la madre.

–Mamá, papá –los interrumpe Silvia, muy decidida.

–Tenemos que contarles algo muy importante –continúa Martín.

–Dos cosas, una buena y una mala –sigue Silvia.

–Primero la mala –dice la madre.

–No, primero la buena –responde Martín.

Alejo, las gemelas y los gemelos siguen la conversación como una partida de ping-pong, moviendo la cabeza de un lado a otro.

–A ver, la buena –acepta la madre.

–Hemos descubierto al ladrón de las vacas –anuncia Martín triunfante.

–¿Qué? ¿Cómo? –dicen al unísono los padres, volviéndose a sentar.

Martín, Silvia y todos los demás les cuentan atropelladamente los fragmentos de conversación que han oído.

–¡No te puedo creer! –exclama la madre.

–¡Lo sabía, lo sabía! –dice el padre agarrándose la cabeza.

–¡Siempre te dije que ese tipo no me gustaba! –dice la madre.

Los padres están tan sorprendidos con la noticia que casi se olvidan de que han hecho algo malo. Martín se hace el distraído.

–Nos vamos a duchar –anuncia y empieza a subir las escaleras. Los demás lo siguen.

–Un momentito. La mala noticia... –anuncia el padre.

Martín se queda como clavado en la escalera.

–Fuimos a la pulpería. Ahí oímos la conversación –admite Silvia.

–¿Ustedes me quieren matar de un infarto? –exclama la madre dando un fuerte suspiro.

–Mamá, por favor, tenemos invitados –dice Silvia señalando a sus amigos.

–Ya vamos a hablar nosotros cuatro –concluye el padre.

Alejo se ducha y escribe en su diario:

Querido diario:

La vida de La Pampa es fantástica y todo es muy grande aquí. Los gauchos llevan unos pantalones muy amplios que se llaman bombachas, con un cinturón ancho que se llama faja, y un sombrero. ¡Se levantan a las 5 de la mañana! ¡Y toman mate!

Hemos ido a la pulpería y hemos descubierto un robo de ganado muy importante. ¡Esto es mejor que en los libros!

Y esta noche nos espera la sorpresa de Irma. ¡Qué curiosidad!

Capítulo 8

–¿Escucharon algo más en la pulpería? –pregunta la madre de Martín.

Ángela está tan distraída que no se da cuenta de qué están hablando. Su hermana le da una patada por debajo de la mesa.

–Lo que les contamos antes. Evaristo es el jefe de la banda –responde Silvia.

–El peón que preparó el asado está con él –continúa Martín.

–Todos los días roban dos vacas no marcadas y las llevan lejos.

–Claro, como son ellos mismos los que las marcan... –dice el padre.

–Han dicho también que Irma les molesta porque está aquí –cuenta Alejo.

Cuando acaban de cenar son casi las once de la noche.

–Y ahora, la sorpresa –dice Irma que ha entrado a recoger los platos de la mesa. Ordeno la cocina y los encuentro en el patio de afuera en 45 minutos.

La noche es fría, pero muy agradable.

–Hoy hay luna llena y no se ven mucho las estrellas –dice Irma.

–¿Cuál es la sorpresa? –pregunta Alejo impaciente.

–Paciencia, jovencito. Falta todavía un poco –le responde Irma.

Irma les enseña a reconocer estrellas que ellos no conocen como la Cruz del Sur. Es la más famosa del Hemisferio Sur, y permite orientarse en el campo.

–¿La ven? –pregunta Irma.

En ese momento se oye un coche que llega a la casa. Martín coge de la mano a Roberta y se aleja:

–Vamos a ver quién es –dice.

Alejo ve cómo se miran las gemelas. Martín y Roberta vuelven cinco minutos más tarde.

–Es un coche de policía –anuncia.

–¡Menos mal! –exclama Irma.

En ese momento la madre de Martín sale al patio.

–Chicos, ha venido la policía. Les pido discreción...

–Están conmigo –le responde Irma para tranquilizarla.

–Gracias, Irma.

Irma controla su reloj.

–Miren fijamente la Luna... –propone.

–¡Está incompleta! –grita Alejo.

–¡Es verdad! –exclaman las gemelas.

–Hace un rato no estaba así –dice Pablo.

–Exactamente –responde Irma.

El silencio es total.

–Es un eclipse de Luna, chicos –continúa.

–¡Oh! –exclaman todos.

–¡Y va a ser total! –sigue.

–Es la primera vez que veo un eclipse –dice Juan Carlos.

–¡Y es una señal de buena suerte! –concluye Irma.

Media hora más tarde, la Luna es apenas una delgada franja de luz. Los chicos observan el cielo en silencio, emocionados por el espectáculo que están viendo. De repente:

–¿Por acá viendo la Luna? –dice una voz en medio de la oscuridad.

Todos se sobresaltan.

–Ah, Evaristo, es usted... –comenta Irma.

–¿Vino alguien? –pregunta con curiosidad.

–No sé, nosotros estamos acá y no oímos nada –miente Irma.

–Chicos, a dormir –continúa.

–Queremos ver cómo se retira la Tierra –dice Alejo.

–Hace frío, y lo podés ver desde tu cuarto... –le responde Irma.

–¡Uf! –exclaman todos.

Entran a la casa por la puerta de atrás y suben silenciosamente las escaleras. Los padres de Martín están hablando con la policía.

–¿Quieren hacer una denuncia? –pregunta un policía.

–¡Yo no sé si le gusto! –le comenta Roberta a su hermana.

–¡A mí me parece que no le importo! –les comenta Silvia a las gemelas, pensando en Alejo.

Alejo entra en su habitación y no entiende muy bien de quién o de quiénes hablan las chicas.

"¡Qué raras son!", piensa mientras abre la ventana para ver la Luna.

Capítulo 9

Querido diario:

Esta tarde volvemos a Buenos Aires. Han sido unos días emocionantes. Gracias a nosotros, los padres de Martín denunciaron a Evaristo y a los peones, y recuperaron las vacas. Ahora están buscando a otro capataz y Evaristo está en la cárcel por robo de ganado.

Pablo y Ángela dicen que son novios y se pasan todo el día mirándose con cara de tontos. Me parece que Roberta y Martín también se gustan.

Ayer fue 9 de julio y hubo fiesta en el pueblo. Vimos el desfile de gauchos y después una orquesta tocó chacareras y zambas y se pusieron a bailar. Las mujeres de los gauchos, que se llaman paisanas, llevan unos vestidos largos.

Irma nos preparó tortas fritas y comimos mucha carne.

Los chicos regresaron a Buenos Aires por la tarde.

–Muchísimas gracias por todo –les dice Elsa a los padres de Martín.

–¿Por qué no cenamos juntos antes de terminar el viaje? –propone Julián.

–Bárbaro –exclama la madre de Martín.

Se despiden en la puerta y quedan en llamarse.

–Hoy cenamos todos juntos –exclama Etelvina.

–¡Otra vez carne, no, por favor! –dice Roberta.

–Esta noche hay ravioles –anuncia Jorge. ¿Saben que los ravioles...? –continúa.

–Sí, sabemos –lo interrumpe Ángela.

De repente reina un gran silencio en el salón.

–Chicos, a ducharse. Ángela, Roberta, vamos, que quiero hablar con ustedes –dice Julián.

Mientras todos se van al departamento de Jorge, Elsa se queda con Etelvina y Jorge tomando un mate. Se ha vuelto una verdadera aficionada.

–¿Me dejan solo con mis hijas? –dice Julián mirando a Alejo y los gemelos.

Todos se retiran al cuarto.

–Chicas, sé que no les cae bien Jorge y no me parece bien –dice Julián yendo directamente al grano.

–Papi, es un pesado –dice Ángela.

–Y un pedante.

–Se lo pasa el día hablando como un profesor.

–Bueno, basta. A lo mejor todo eso es verdad, pero... –responde Julián.

–¿Pero qué? Es insoportable –dice Roberta.

–He dicho que basta. ¿Me escuchan?

–Sí, dale –responden las gemelas.

–Es el marido de su madre y merece respeto. A quien hacen sufrir es a ella, no a él. Es evidente que su madre lo quiere y que es feliz con él.

–Eso es verdad –admite Roberta.

–Son muy injustas.

–Tenés razón, pa. Nos vamos a portar mejor con él –dice Ángela.

–De acuerdo.

Julián les da un beso a sus hijas y se va a reunir con Elsa y los demás.

Las gemelas se quedan charlando en el salón, pensando que nadie las escucha.

–¿Te dio un beso? –pregunta una que Alejo no logra reconocer.

–Sí, ¿y a vos?

–¡A mí también!

–¿Te gustó?

–Al principio, no mucho, pero después...

–A mí me pasó lo mismo.

–¡Nuestro primer beso, che!

Capítulo 10

–¿Comemos? –pregunta Roberta.

–Vamos a esperar a la abuela Susy –dice Etelvina.

A las nueve de la noche se sientan a la mesa y cuentan las aventuras del campo.

–¡Unos auténticos detectives! –comenta Elsa sonriendo.

–Y además vimos el eclipse de Luna –dice Alejo.

–Y anduvimos a caballo –sigue Roberta.

–Y comimos asado –exclama Juan Carlos.

–Y tortas fritas –continúa Pablo.

–Y... –dice Ángela.

–Y nada más –concluye Roberta mirando fijamente a su hermana.

Elsa y Julián les cuentan de su viaje a Montevideo, del puerto, del barrio colonial y de lo bien que lo pasaron. Luego imaginan planes para los días siguientes.

–Pueden ir a El Tigre –les propone Jorge.

–¡Genial! –comenta Roberta.

–¡Bárbaro! –continúa Ángela con un entusiasmo exagerado.

–¿Qué es El Tigre? –pregunta Alejo.

–Es un barrio que queda hacia la zona norte. Tenemos que tomar el tren en Retiro.

–¡En la Torre de los Ingleses! –exclama Juan Carlos.

–¡Qué memoria! –comenta Elsa.

–Y ahí está el delta del Río Paraná y hay muchas islas. Podemos dar un paseo en lancha y comer en alguna de las islas –concluye Julián.

–¡Yo quiero ir al Jardín Zoológico! –dice Pablo.

–Sí, eso es fácil porque está muy cerca.

–Otro día pueden ir a ver algo de tango al café Tortoni –propone Etelvina.

–¡Sí, qué romántico! –se le escapa a Ángela.

Todos la miran extrañados.

–Hay que ir a La Recoleta –dice Julián.

–Y a La Costanera –propone Jorge.

–Cariño, sólo tenemos diez días –le dice Elsa a Julián.

–Doce, faltan doce –le responde Julián.

–Y podemos ir al cine –continúa Roberta.

–Y también podemos ir a la calle Corrientes –sigue Ángela.

–Y también pueden pensar en el nombre de su futuro hermano o hermana –dice Etelvina.

Todos se quedan en silencio.

–Mami, no me digas que estás... –balbucea Roberta.

–Sí, confirmado, ¡estoy embarazada!

–¡Qué te dije! –le comenta Elsa a Julián en voz baja.

–La verdad es que no me dijiste nada... –le susurra Julián al oído.

"¡Qué buenos que están los ravioles!", piensa Alejo.

Antes de irse a dormir, escribe:

Querido diario:

El revuelo ha sido increíble. Cuando Etelvina dio la noticia todos se pusieron a gritar, a abrazarse y a darse besos. Las gemelas se pasaron la noche tocándole la barriga a su madre y hasta le dieron un beso a Jorge. Después se pusieron a elegir nombres. A Roberta le gusta Damián para varón y Julia, para chica. Después hablaron de Laura, Jerónimo, Javier y de otros nombres bastante raros que no recuerdo.

Yo me pregunto: ¿mañana, vamos a ir a El Tigre o no?

Después de leer: comprensión lectora

1. Responde verdadero o falso a las siguientes afirmaciones y corrige las falsas.

F **1.** Alejo ya ha estado en Argentina.
Alejo no ha estado nunca en Argentina.

☐ **2.** Las gemelas quieren ir a ver a su madre.

☐ **3.** Etelvina está casada con Jorge.

☐ **4.** Alejo y su pandilla se alojan en casa de la abuela Susy.

☐ **5.** Las gemelas piensan que Jorge es antipático.

☐ **6.** El mate es una comida.

☐ **7.** En el primer paseo por Buenos Aires van al barrio de La Boca.

☐ **8.** Puerto Madero está a orillas del mar.

☐ **9.** Elsa y Julián viajan a las Cataratas del Iguazú.

☐ **10.** La estancia de Martín y su familia se llama "Las Camelias".

☐ **11.** En el campo los chicos ven muchas vacas.

☐ **12.** En la estancia comen empanadas.

☐ **13.** En la pulpería se bebe alcohol.

☐ **14.** En la estancia roban caballos.

....

☐ **15.** Los chicos descubren el robo por casualidad.

....

☐ **16.** Cuando pasean a caballo, no hay luna.

....

☐ **17.** Juan Carlos y Roberta están enamorados.

....

☐ **18.** La policía va a la estancia para hablar de Irma.

....

☐ **19.** Etelvina tiene una noticia para contar.

....

☐ **20.** Los gemelos escriben un diario.

....

☐ **21.** Las gemelas van a tener un hermano o hermana.

....

Gramática y vocabulario

1. **Una de estas palabras no corresponde a la serie. Márcala con un círculo.**

a. abuelo • hermano • madre • periodista • suegra • prima
b. cariñoso • simpática • pedante • bueno • ordenado
c. jersey • chaqueta • bufanda • bañador • guantes
d. pollo asado • carne • sopa • queso • helado

2. **Clasifica las siguientes palabras y expresiones según el país.**

¡qué guay! • che • ESO • estancia • vos • departamento
vosotros • colectivo • aquí • subte

España	Argentina

3. **Ordena las acciones que realizaron Alejo y su pandilla en Argentina.**

- ☐ **1.** Comieron asado.
- ☐ **2.** Se levantaron temprano.
- ☐ **3.** Se instalaron en las habitaciones.
- ☐ **4.** Escucharon una conversación importante.
- ☐ **5.** Dieron un paseo a caballo.
- ☐ **6.** Los padres de Martín pasaron a buscarlos.
- ☐ **7.** Fueron a la pulpería.
- ☐ **8.** Miraron las estrellas con Irma.
- ☐ **9.** Desayunaron.
- ☐ **10.** Vieron un eclipse.

4. **Encuentra en esta sopa de letras siete verbos en pretérito indefinido.**

R	E	S	T	U	V	I	M	O	S	O	P
G	E	R	C	X	A	V	T	Y	T	U	O
M	A	V	N	T	C	M	U	T	J	L	S
A	C	E	R	F	U	E	P	L	G	F	C
C	Z	W	J	R	F	V	U	I	L	P	M
S	D	R	U	T	U	I	E	O	P	N	B
Z	E	R	G	V	B	F	D	S	U	V	A
X	C	H	A	B	L	A	S	T	E	I	S
V	R	Y	R	Q	E	R	T	X	F	S	P
I	B	N	O	U	A	F	H	J	U	T	I
N	U	V	N	V	Z	B	N	M	U	E	O
E	T	U	R	Z	A	B	M	T	D	G	I

5. **Ahora escríbelos en la columna de la izquierda y coloca el infinitivo correspondiente.**

	Verbo		Infinitivo
1.	....	➔	....
2.	....	➔	....
3.	....	➔	....
4.	....	➔	....
5.	....	➔	....
6.	....	➔	....
7.	....	➔	....

Expresión escrita

1. **Escribe en tu diario lo que has hecho hoy. Tienes que escribir un mínimo de cinco acciones.**

Querido diario:
Hoy me he levantado...

2. **¿Puedes describir esta imagen de un gaucho? ¿Cómo es? ¿Cómo está vestido?**

Expresión oral

1. Habla con tu compañero/a. ¿Ha hecho alguna vez alguna de estas cosas?

Ej: ¿Has viajado alguna vez en avión?
- No, nunca.

	Mi compañero/a
1. Viajar en avión. →	No
2. Hablar con un argentino. →	....
3. Ver un gaucho. →	....
4. Montar a caballo. →	....
5. Ir a un país donde se habla español. →	....
6. Tomar mate. →	....
7. Escribir un cuento. →	....

2. Refranes. ¿Qué crees que quieren decir estos dos refranes? Habla con tu compañero/a.

3. Imagínate que vas a viajar a Argentina. ¿Qué lugares quieres ver de Buenos Aires? Habla con tus compañeros.

1. El estadio de Boca Juniors.
2. El río.
3. El Tigre.
4. El Obelisco.
5. La Plaza de Mayo.
6. El barrio de San Telmo.
7. El zoológico.
8. Puerto Madero.
9. La Fragata Sarmiento.
10. Plaza San Martín.
11. El barrio de Palermo Viejo.
12. El café Tortoni.

9 de julio	Es el día de la Independencia y en las localidades de campo se celebra una gran fiesta gaucha.
A campo traviesa	No siguen un camino marcado.
Acá	En España se dice "aquí".
Acera	Parte de la calle por donde caminan los peatones. En Buenos Aires se llama "vereda".
Adoquín	Los adoquines son bloques de piedra. En Buenos Aires suelen estar colocados en forma de abanico.
Asador	En el campo el asado se hace de otra manera: se prepara el fuego en el suelo y a su alrededor se colocan los asadores, que son estructuras de hierro que mantienen la carne en vertical. La carne se asa así muy lentamente.
Atajo	Camino más corto.
Azafrán	Especia que le da un tono amarillo característico a las comidas. En España, es un ingrediente fundamental de la paella.
Barrio de San Telmo	Es el barrio más antiguo de la ciudad. Los domingos, en la plaza Dorrego se realiza un mercadillo de antigüedades.
Batata	La batata es una patata dulce, de color amarillo. En otros países se llama también "boniato".
Bife de chorizo	Corte de carne típico y uno de los más apreciados. La carne suele ser muy tierna y no tiene grasa.
Borracho	Persona que ha bebido demasiado alcohol.
Café Tortoni	Café histórico que se encuentra en Avenida de Mayo.
Capataz	Es el jefe de los empleados de campo, que se llaman peones.
Casco	Casa principal de una estancia.
Cataratas	Las Cataratas del Iguazú son unas gigantescas cascadas que se encuentran en el noreste, en la frontera con Brasil.
Cebar	Cebar quiere decir "preparar" el mate. Lo hace una única persona, "el cebador".
Chacareras y zambas	Se trata de dos ritmos del folclore de La Pampa.
Che	Interjección muy común en Argentina. Sirve para llamar la atención de alguien.
Codazo	Golpe que se da con el codo.
Comilona	Una comida muy abundante.
Cortado	Café con un poco de leche.
Cruz del Sur	En el Hemisferio Sur se ven otras estrellas y constelaciones.
Dar un beso	En Argentina se saluda con un solo beso, mientras que en España, con dos.
Diario	Sinónimo de periódico.
Dueño	Propietario.
Dulce de leche	Pasta cremosa hecha a base de leche y azúcar que se come con pan o galletas.

El Cabildo	Edificio que era sede del gobierno durante la colonia. En él se declaró por primera vez la independencia de España en 1810.
El Obelisco	Monumento, símbolo de Buenos Aires. Está en la avenida 9 de Julio y Corrientes.
Empanada	Plato típico. Se trata de una masa rellena de carne, de queso, cebolla, etc.
Ensalada mixta	La ensalada mixta lleva lechuga, tomate y cebolla.
Envido	Envido y real envido son frases que se dicen en el truco, un juego de cartas muy popular en Argentina. Por lo general, juegan dos parejas, pero pueden ser tres. El juego consiste en saber mentir.
ESO	Sigla que significa Educación Secundaria Obligatoria.
Establo	Lugar donde duermen los animales.
Estancia	Periodo de tiempo que se pasa en un lugar. En Argentina es también una casa en el campo.
Ezeiza	En realidad Ezeiza es el nombre de la localidad donde se encuentra el aeropuerto que se llama Ministro Pistarini. Todos dicen "Ezeiza" para referirse al aeropuerto.
Factura	La factura son bollos que se venden en las panaderías. Son más pequeños que en España y se venden por docenas. Hay una gran variedad: medialunas, vigilantes, tortitas negras, etc.
Flan	Es un postre muy común hecho a base de leche, huevo y azúcar. Se come en España y en casi todos los países hispanohablantes. En Argentina se suele acompañar con un poco de dulce de leche.
Flechazo	Amor a primera vista.
Fragata	Barco de guerra.
Gaseosa	En Argentina se llama gaseosas a los refrescos: Coca-Cola, Pepsi, etc.
Ginebra	Bebida alcohólica. Muy popular en el campo.
Insti	Los alumnos que van a la ESO dicen que van al instituto o, familiarmente, al insti.
Ir directamente al grano	Ir al grano significa hablar de un tema de forma rápida y directa.
La Costanera	La Costanera es una calle que está junto al Río de la Plata. Famosa por sus restaurantes.
La Recoleta	Barrio rico de Buenos Aires. Famoso por el cementerio donde están enterradas las celebridades argentinas, y por el museo.
Lancha	Tipo de barco con motor.
Listo	Sinónimo de inteligente.
Lomo de cerdo, chorizo, salchichón y jamón	Se trata de embutidos típicamente españoles.
Luciérnagas	Pequeños insectos que producen luz.

Madrugón	"Madrugar" significa levantarse muy temprano.
Manteca	En Argentina quiere decir "mantequilla".
Mate	Infusión típica de Argentina, Uruguay, Paraguay y sur de Brasil. Se hace con "yerba mate", que se cultiva solo en esos países. Se toma en un pequeño recipiente (de calabaza, de metal o de madera) y con una bombilla.
Muchedumbre	Gran cantidad de gente.
Papa	En Argentina y en otros países se dice "papa" en lugar de "patata".
Partitura	Texto escrito de una composición musical.
Patrón	Patrón quiere decir propietario o jefe.
PH	PH quiere decir "Propiedad horizontal". Es un tipo de vivienda muy común en Buenos Aires. El terreno tiene un pasillo estrecho a uno de los lados, que da acceso a las diferentes viviendas. A las casitas se accede a través de un patio y las habitaciones suelen dar a ese patio.
Pimentón	Especia de color rojo, hecha a base de pimiento.
Preparalo	Imperativo de segunda persona del pronombre "vos". Equivale a "Prepáralo".
Pulpería	Antiguamente era un sitio donde se vendían alimentos y otros objetos. El empleado estaba protegido por una reja.
Qué guay	Expresión coloquial que quiere decir "¡Qué fantástico!".
Ravioles	Pasta rellena. En Argentina la presencia de la gastronomía italiana es muy importante.
Se les pegó	En casi todos los países de América casi no se usa el pretérito perfecto, solo se usa el indefinido.
Se me hace agua la boca	En España se dice "se me hace la boca agua". Se dice cuando algo te da hambre o ganas de comer.
Soleado	De sol.
Tenés	Verbo "tener" correspondiente al pronombre "vos".
Tira de asado, vacío y entraña	Cortes de carne típicos del asado, que se hace a la brasa.
Tortas fritas	Dulces fritos muy comunes en el campo.
Trastero	Habitación donde se guardan muebles y cosas viejas o que no se usan.
Verano	En Argentina es invierno.

Antes de empezar a leer

1. a4; b5; c1; d3; e6; f2.
1. Machu Picchu – Perú
2. Las cataratas del Iguazú – Argentina
3. Las pirámides mayas – México
4. El Obelisco – Argentina
5. El Zócalo – México
6. La Sagrada Familia – España

2. 1. La Habana – Cuba
2. Asunción – Paraguay
3. Montevideo – Uruguay
4. Buenos Aires – Argentina
5. Lima – Perú
6. Santiago – Chile
7. Bogotá – Colombia
8. Caracas – Venezuela

3.

4. 1c; 2c; 3b; 4a.
5. a6; b3; c1; d4; e2; f5.
6. Ir al cine - tomar el metro - visitar un museo - pasear.
7. 1. V; 2. F; 3. V; 4. F; 5. V; 6. V; 7. V; 8. F.

Párate un momento

1. 1. Alejo; 2. Elsa; 3. Julián; 4. Juan Carlos; 5. Pablo; 6. Jorge; 7. Etelvina; 8. Roberta; 9. Ángela.
2. Capítulo 1: b; Capítulo 2: c; Capítulo 3: a; Capítulo 4: b; Capítulo 5: a.
3. 1a; 2a; 3b; 4a; 5b; 6b; 7a; 8b.

Después de leer: comprensión lectora

1. 1-F (Alejo no ha estado nunca en Argentina); 2-V; 3-V; 4-F (Alejo y su pandilla se alojan en el departamento de Jorge); 5-V; 6-F (el mate es una bebida); 7-V; 8-F (Puerto madero está a orillas del Río de la Plata); 9-F (Elsa y Julián viajan a Montevideo); 10-V; 11-V; 12-F (en la estancia comen asado); 13-V; 14-F (en la estancia roban vacas); 15-V; 16-F (cuando pasean a caballo, hay luna llena); 17-F (Pablo y Ángela están enamorados); 18-F (la policía va a la estancia para hablar del robo de vacas); 19-V; 20-F (Alejo escribe un diario); 21-V.

Gramática y vocabulario

1. a. periodista; b. pedante; c. bañador; d. helado.
2. España: ¡qué guay!; ESO; vosotros; aquí.
   Argentina: che; estancia; vos; departamento; colectivo; subte.
3. 2, 9, 6, 1, 3, 5, 7, 4, 8, 10.

4.

R	E	S	T	U	V	I	M	O	S	O	P
G	E	R	C	X	A	L	S	Y	T	U	O
M	A	V	N	T	C	M	U	T	J	L	S
A	C	E	R	F	U	E	P	L	G	F	C
C	Z	W	J	R	F	V	U	I	L	P	M
S	D	R	U	T	U	I	E	O	P	N	B
Z	E	R	G	V	B	F	D	S	U	V	A
X	C	H	A	B	L	A	S	T	E	I	S
V	R	Y	R	Q	E	R	T	X	F	S	P
I	B	N	O	U	A	F	H	J	U	T	I
N	U	V	N	V	Z	B	N	M	U	E	O
E	T	U	R	Z	A	B	M	T	D	G	I

5. 1. estuvimos - ESTAR; 2. fue - SER/IR; 3. hablasteis - HABLAR; 4. vine - VENIR; 5. jugaron - JUGAR; 6. viste - VER; 7. tuve - TENER.

Expresión oral

2. a. Quiere decir que hay que estar de buen humor ante las dificultades.

b. Quiere decir que el sol sale cuando tiene que salir, y que aunque nos levantemos temprano, no podremos cambiar el ritmo de las cosas.

Argentina

Argentina es un país de América del Sur. Limita al norte con Bolivia y Paraguay, al noreste con Brasil, al oeste y al sur con Chile y al este con Uruguay y el Océano Atlántico.

Tiene una extensión de 2780400 km² y está dividido en 23 provincias y una ciudad autónoma, Buenos Aires, su capital. El país cuenta con casi 40 millones de habitantes. Su forma de gobierno es la república representativa. El idioma oficial es el español.

La economía de Argentina es esencialmente agrícola-ganadera, pero en su vasto territorio hay también petróleo y otros yacimientos minerales. Junto con Brasil, Uruguay, Chile, Paraguay y Venezuela pertenece al Mercosur.

Argentina presenta gran variedad de paisajes y de climas: la Pampa es famosa por la ganadería vacuna y el cultivo de soja (en los últimos años), trigo, maíz, entre otros; la Patagonia, en el sur, es célebre por la producción de lana y por la fauna marina.

La Pampa

Glaciar Perito Moreno

En la parte oeste de la Patagonia se encuentra la región de los lagos. Destacan la ciudad de Bariloche (estación de esquí) y la presencia, más al sur, de glaciares. El más importante es el Perito Moreno.

En la frontera con Brasil se encuentran las Cataratas del Iguazú, en plena selva subtropical.

En los últimos años, Argentina recibe a muchos turistas extranjeros.

Argentina es esencialmente un país de inmigración. Hacia finales del siglo XIX y comienzos del XX, Argentina acogió a miles de inmigrantes, sobre todo italianos y españoles, aunque llegaron también muchas comunidades de alemanes, suizos, polacos, franceses y árabes. Argentina se independizó de España en 1816.

Cataratas de Iguazú

Carne argentina

Mate

Tango

Es un país famoso por la calidad de la carne, por el mate, por el tango, que podría considerarse la música nacional, y por el fútbol. La figura de Diego Maradona es conocida en el mundo entero.

Argentina ha sido siempre un país que le ha dado importancia a la cultura. Destacan las figuras de Jorge Luis Borges y Julio Cortázar (escritores), Ástor Piazzola (música), Quino, autor de la famosa *Mafalda* y cineastas como Lucrecia Martel y Daniel Burman que han ganado importantes premios en los últimos festivales internacionales de cine.

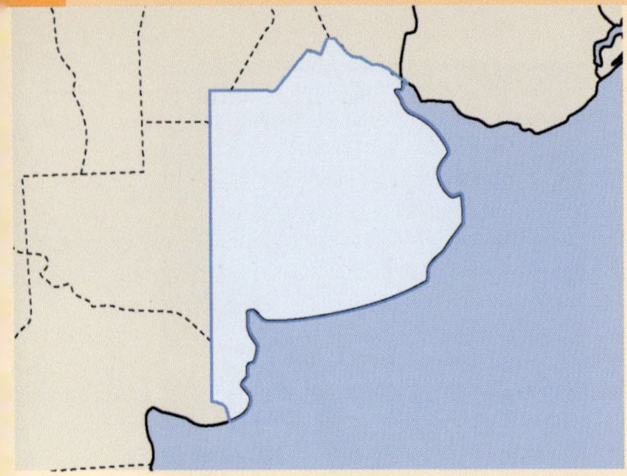

Buenos Aires

Buenos Aires, capital de Argentina, está situada a orillas del Río de la Plata. Con el área metropolitana del Gran Buenos Aires, tiene más de 14 millones de habitantes, lo que la convierte en la segunda ciudad de América del Sur, después de São Paulo. Es el centro político, económico y cultural del país. La presencia de abundantes museos, teatros, cines y galerías de arte la convierten en una de las ciudades más importantes de Hispanoamérica en el ámbito cultural.

Buenos Aires, vista desde el Río de la Plata

Uno de sus monumentos más característicos es El Obelisco que está situado en el cruce de la calle Corrientes y la Avenida 9 de julio, famosa por ser una de las calles más anchas del mundo. En la calle Corrientes y sus alrededores se encuentra la mayor concentración de teatros, cines y librerías de la ciudad.

El Obelisco y la Avda. 9 de julio

Excepto en el centro, Buenos Aires cuenta con innumerables zonas residenciales de construcciones bajas con pequeños patios y jardines. Además, cada barrio tiene un parque o una plaza. Esto hace que la ciudad cuente con muchos espacios verdes. Basta con viajar con *Google Earth* por la ciudad y podrás comprobarlo.

Los medios de transporte de la ciudad son esencialmente los autobuses, llamados "colectivos" y el metro, llamado "subte". En la ciudad hay, además, estaciones de las principales líneas de ferrocarril.

El Subte

En el sur de la ciudad se encuentra el célebre barrio de La Boca, donde se instalaron muchos inmigrantes, sobre todo italianos, a principios del siglo XX. Las casas están recubiertas con chapas de colores, aprovechando la pintura que sobraba de los astilleros de los barcos. La calle más famosa es Caminito. Además, se encuentra el estadio del club de fútbol Boca Juniors, que junto con el de River Plate es uno de los más populares.

Barrio de La Boca

Estadio Boca Juniors

La Plaza de Mayo es un centro importante de la ciudad porque allí se encuentra la casa de gobierno, llamada la Casa Rosada, la Catedral y el Cabildo, donde se declaró la independencia en 1810. Allí nace la Avenida de Mayo, famosa por su parecido con la Gran Vía de Madrid, que llega hasta el Congreso.

Plaza de Mayo y Casa Rosada

Entre los barrios más apreciados por los turistas, destacan Puerto Madero, junto al río, Palermo Viejo, por sus casas bajas y gran variedad de tiendas de ropa y de diseño, la Recoleta, por su semejanza con la arquitectura de París, la Plaza San Martín y la calle Florida, la Costanera Norte y los bosques de Palermo.

Puerto Madero